AF562866

QUELQUES LETTRES

DE

JOSEPH LE BON,

ANTÉRIEURES A SA CARRIÈRE POLITIQUE

(1788—1791),

Publiées par son Fils ÉMILE LE BON, Juge à Chalon-s/Saône,

POUR FAIRE SUITE

aux

LETTRES DE JOSEPH LE BON A SA FEMME, PENDANT LES QUATORZE MOIS DE PRISON QUI ONT PRÉCÉDÉ SA MORT.

CHALON-SUR-SAONE,
IMPRIMERIE DE J. DEJUSSIEU.

1853.

NOTICE.

Mon père, né en Flandre, à Arras, le 25 juillet 1765, avait été envoyé à Beaune, en Bourgogne, en 1783, par la Congrégation de l'Oratoire à laquelle il appartenait, pour y donner l'enseignement public. Il avait donc alors 18 ans environ; il y resta jusqu'à la fin de juin 1791, c'est-à-dire un espace de huit années, et le vœu de son cœur était de s'y fixer pour toujours; mais la Révolution, par suite de laquelle il fut brusquement rappelé au sein de sa famille, en disposa autrement.

Des deux jeunes gens à qui ces lettres, sauf la seconde et la dernière, sont adressées, le premier, M. Millié, fils d'une veuve pauvre et chargée de famille, est mort à Paris chef de division au ministère des finances, dans les dernières années de la Restauration; l'autre, M. Barthélemy Masson, resté fidèle au culte des lettres, ayant été, lors de l'établissement des écoles centrales, nommé, au concours, professeur de belles-lettres, à Mons, en Belgique, s'est fixé dans ce pays. Il passa à Bruxelles comme professeur de seconde, à la création des lycées, et il y est mort en 1817, considéré, aimé et regretté de tout ce qui l'avait connu et approché. Son tendre attachement à mon père ne se démentit jamais; séparé de lui pendant toute la Révolution, il ne craignit pas, après sa mort, de s'unir à sa sœur proscrite et sans ressources. Bientôt, il m'appela moi-même auprès de lui, et m'éleva, dès l'âge de cinq ans, avec son fils dont il ne m'a jamais distingué dans les marques de son affection. Ai-je besoin de dire que c'est surtout à ses soins qu'est due la conservation de ces lettres!

Déjà j'ai publié, en 1845, les lettres de mon père à sa femme pendant la longue captivité qui a précédé sa mort, comme une éloquente et digne protestation contre les calomnies dont il a péri victime. Les seize nouvelles lettres que j'y joins aujourd'hui, écrites antérieurement même à sa carrière politique, le font mieux connaître encore dans la sincérité de ses sentiments, dans leur abnégation, dans leur pureté sans tache, dans l'heureuse sérénité qu'ils répandaient sur son existence.

Quel sort différent pour lui sans la Révolution! A 23 ans, professeur aussi distingué par son mérite que recommandable par toutes les vertus de son état; tout, autour de lui, était applaudissements, reconnaissance, amour !... Satisfait de sa profession, acquittant généreusement sa dette envers ses concitoyens dans la vie de dévouement qu'il avait embrassée, il ne rêvait, quant à lui, ni agitations politiques, ni réformes sociales; on peut voir même, à la septième de ces lettres, contemporaine de la convocation des États-Généraux, dans quelle disposition d'esprit il appréciait encore à cette époque le mouvement qui commençait à se manifester.

Comment donc, étant ainsi plutôt opposé que favorable à la Révolution, fut-il en si peu de temps et si complètement séduit, entraîné, transformé par elle ?

Comment ?... comme le fut, hélas [illegible] France elle-même ; comme le fut la France qui, bien certainement, n'était pas, au 5 mai 1789, ce qu'elle était déjà devenue six semaines plus tard, après le serment du Jeu-de-Paume ; ce qu'elle devint après le 14 juillet, ce qu'elle devint après la nuit du 4 août, après les 5 et 6 octobre, etc., etc.

C'est que la transformation des idées marchait vite, à cette époque, sous la pression des événements se succédant eux-mêmes les uns aux autres avec tant de rapidité ; au régime des clubs et de la liberté *illimitée* de la presse, et sous l'éclatant patronage de l'Assemblée constituante, qui, infatuée, il faut le dire, de théories absolues qu'elle avait hâte d'inaugurer, présida pendant plus de deux années à l'incessante, à l'entière extermination de toutes les idées, de tous les sentiments, de tous les principes de l'*ancien régime*.

Je n'ai point ici à apprécier les conquêtes politiques de la civilisation moderne, et ce qu'on a appelé en France les principes de 1789, j'explique seulement comment la France, comment mon père, passionnés, aveuglés pendant trois ans par les hommes mêmes qui avaient en main les rênes de l'État, en vinrent successivement à penser, à parler et agir au rebours de toutes les traditions, comme de toutes les convictions de leur passé.

Mon père!... il entrait dans sa vingt-quatrième année... Comment, avec sa chaleur d'âme, avec la générosité de ses sentiments, aurait-il résisté à l'entraînement universel qui se manifestait autour de lui!... au prestige qu'exerçait cette Assemblée recrutée de tout ce que les *trois* ordres de l'État comptaient de plus illustre et de plus respecté!... alors qu'on ne parlait qu'au nom de l'*humanité*, au nom du *bonheur général*, au nom même de *la religion*, puisque ce n'est qu'en mettant en avant le plus grand bien de la religion qu'on la *séparait de l'État*, qu'on retranchait au clergé des richesses *devenues abusives*, qu'on voulait dégager ce dernier *des impuretés et des tortures du célibat forcé!*

Enfin, une circonstance encore qui influa essentiellement sur les nouvelles opinions politiques de mon père, ce fut celle de son séjour en Bourgogne, dans une des provinces où la Révolution trouva, dès le principe, l'accueil le plus unanime et le plus enthousiaste. Depuis plusieurs années déjà que mon père habitait la ville de Beaune, il y avait contracté des liaisons aussi nombreuses qu'intimes et chères à son cœur, à tel point qu'il faisait de ce pays sa patrie d'adoption et qu'il résistait obstinément aux instances de sa famille pour le rappeler auprès d'elle; des sympathies aussi vives ne pouvaient manquer d'exercer un grand empire au moment de la crise; elles dominèrent, chez mon père, toutes les suggestions opposées à la Révolution qui naissaient pour lui, soit de sa position particulière, soit de l'exemple de ses confrères de l'Oratoire.

Mais qui peut jamais, dans les temps de révolution, échapper entièrement aux dissentions politiques et aux tracasseries qui en sont inséparables; tandis que, s'associant aux vœux, aux espérances de ses nouveaux concitoyens, mon père se plaisait à resserrer le lien de leur commune affection, ses confrères de l'Oratoire, restés, comme je viens de le dire, en dehors du mouvement, changeaient, eux, de leur côté, les bons rapports qu'ils avaient jusque-là toujours eus avec lui, et y faisaient succéder les sentiments d'une véritable hostilité.

Les choses allèrent même si loin, qu'on ne voulait pas, à Beaune, y voir simplement l'effet d'un dissentiment politique, et qu'on y reconnaissait bien plutôt la jalousie, contre mon père, de la grande popularité dont il était l'objet et des succès tout-à-fait exceptionnels de son enseignement.

Quoi qu'il en ait été, la dissidence aboutit enfin un éclat. Voici quelle en fut l'occasion :

Au mois de mai 1790, on célébrait, à Dijon, une de ces innombrables fédérations locales qui couvrirent la France à cette époque, et qui préludaient à la fédération générale de l'anniversaire du 14 juillet, à Paris. Quelques élèves pensionnaires de l'Oratoire, excités par l'enthousiasme qui éclatait de toutes parts, et dont ils trouvaient spécialement l'exemple dans leurs familles, ne purent résister à l'envie d'assister eux-mêmes à cette solennité, et le dimanche, après la messe, s'échappèrent du collége pour s'y rendre de compagnie.

C'était là sans doute une infraction à la discipline et aux règlements de la maison qui ne pouvait être tolérée ; toutefois, elle trouvait jusqu'à un certain point son excuse dans son motif et dans les circonstances du temps ; mais Messieurs de l'Oratoire, l'appréciant à la mesure de leurs antipathies politiques, en firent l'affaire la plus grave, et en rejetèrent en même temps toute la responsabilité sur mon père, sur son adhésion non dissimulée aux principes de la Révolution.

Qu'on juge de l'animosité des reproches qui lui

étaient adressés par la détermination à laquelle ils le poussèrent instantanément ; sans délibérer, il se mit sur la trace des fugitifs, les poursuivit, d'abord, à pied, l'espace de trois lieues, puis ensuite, à l'aide d'une voiture qu'il se procura à Nuits, et ne rentra à Beaune qu'accompagné de la troupe toute entière qu'il avait rejointe sur la route, à peu de distance de Gevrey.

Mais il avait agi dans un état de surexcitation extrême et qui n'avait fait qu'aller croissant pendant cette course précipitée et pleine d'angoisses ; en réintégrant les élèves à l'institution, il ne put plus longtemps comprimer ses sentiments ; il détacha de ses épaules son insigne d'oratorien, et, le déchirant en deux, il déclara qu'à compter de ce moment il cessait d'appartenir à la Congrégation !..

Éclat funeste ! paroles à jamais regrettables, et contre lesquelles protestait sa vie tout entière !

Mais la malveillance en prit acte sur-le-champ ; vainement, dès le lendemain, et aussitôt que le calme et la réflexion furent rentrés dans son âme, voulut-il les désavouer, les rétracter... Ses confrères refusèrent d'entendre à aucune explication, à aucune excuse, et l'Oratoire lui demeura fermé sans retour.

Pendant une année, il vécut retiré à Ciel, chez le père de deux de ses élèves, le respectable M. Constantin ; puis, la *Constitution civile du clergé* ayant été décrétée, ses nombreux amis le firent élire, au mois de juin 1791, à la cure du Vernoi, petite commune attenante à Beaune; et déjà il y rêvait une nouvelle ère de tranquille félicité, dans une vie consacrée à l'amitié, à l'étude et au bien de ses semblables, lorsque sa mère, en apprenant qu'il avait prêté le serment constitutionnel, perdit la raison!

Nouvelle tribulation, plus affreuse que toutes les autres, qui l'arracha brusquement et pour jamais à sa Bourgogne bien-aimée!

Il ne pouvait plus se séparer d'un père désespéré dont il était la consolation et l'appui; en remplacement de sa cure du Vernoi, près Beaune, il accepta celle de Neuville-Vitasse, près Arras, à laquelle il avait été également élu, quoique absent et sans avoir été consulté.

Mais on voit par sa lettre du 25 juillet 1791, datée de cette résidence, que toutes les conditions de son bonheur étaient détruites par ce déplacement; étranger à ses paroissiens avec lesquels il n'avait jamais eu de rapports, il ne ressentait pour eux, comme il n'attendait d'eux aucun de ces mouvements sympathiques qui doivent unir le ministre de la religion et ses ouailles.

Et puis, il faut bien le dire, l'Assemblée constituante, en prononçant, dès le 13 février 1790, par un décret *constitutionnel*, « que *la loi ne reconnaîtrait plus de vœux solennels monastiques*, » avait fait à tous les ecclésiastiques, en France, une position singulièrement difficile et pénible; évidemment, leur existence n'y était plus, à partir de ce décret, que tolérée; et le célibat auquel ils étaient astreints étant ainsi légalement et constitutionnellement proscrit (au moins en principe), ils en étaient à se demander si, en persistant, d'un côté, à se conformer à leur devoir religieux, ils ne manquaient pas, d'un autre côté, à leurs obligations essentielles d'hommes et de citoyens.

Ils ne se seraient pas adressé cette question, qu'ils la voyaient incessamment et universellement posée et agitée autour d'eux; chaque jour, dans les journaux, dans des pamphlets, le célibat votif était signalé comme une source d'immoralité, comme la violation d'une des lois les plus sacrées de la nature, comme la désertion par le citoyen de ses devoirs envers la patrie.

Pour mon père, enthousiasmé comme il l'était de la Révolution et de tout ce qui se promettait en son nom, c'était là nécessairement le sujet de préoccupations pleines de trouble et d'anxiété.

Sans doute l'Assemblée s'était flattée, dans l'enivrement de sa toute-puissance, qu'elle arracherait au Saint-Siége lui-même le rappel de l'interdiction, purement disciplinaire, du mariage des prêtres....

Elle n'arriva qu'à envenimer irréparablement le schisme que, déjà, elle avait commencé de soulever par la suppression des dîmes et l'expropriation du clergé.

Dès leur entrée en fonctions, les prêtres constitutionnels, les prêtres *jureurs,* comme on les appelait alors, se virent frappés d'un discrédit et d'une répulsion universelle; et bientôt, délaissés tout à la fois et par les hommes restés religieux, qui n'avaient plus pour eux que blâme et antipathie, et par les hommes imbus des idées de la Révolution, qui ne croyaient plus à leur ministère, ils furent obligés de renoncer à des fonctions qui les avaient déjà elles-mêmes quittés.

C'est dans cette situation que mon père, aux élections qui suivirent le 10 août 1792, fut porté par ses concitoyens aux fonctions de maire d'Arras, et quitta sa cure de Neuville-Vitasse.

Deux mois après, et le 15 novembre de cette même année, il se maria avec sa cousine germaine Elisabeth Régniez, de St-Pol.

Au surplus, et ses confrères de l'Oratoire de Beaune ont dû plus d'une fois en faire la réflexion avec amertume, ce sont eux, c'est leur inflexibilité jalouse, vindicative, imprudente, qui, en privant leur compagnie d'un des membres qui paraissaient destinés à lui faire le plus d'honneur, le refoulèrent irrévocablement dans la Révolution, en dehors de laquelle il eût été retenu peut-être par les liens de sa position, malgré les sympathies qu'elle lui inspirait.

Leur décision n'eut pas seulement contre elle la population de la ville de Beaune toute entière ; dans le sein même de la Congrégation, elle fut plus généralement blâmée qu'approuvée ; on peut voir notamment, dans ces lettres, les bons rapports qu'avaient continué d'entretenir avec mon père, même après sa sortie définitive de l'Oratoire, et le P. St-Jori, supérieur de l'Institution à Paris, et le P. Spitallier, supérieur à Arras.

Et cependant, si mon père était resté à l'Oratoire, il ne se fût pas trouvé dans le cas de solliciter son élection à une cure constitutionnelle !

Et sa mère infortunée n'eût pas perdu la raison par suite de son serment !

Et lui-même n'eût pas eu contre le fanatisme et contre les ennemis de la Révolution ce second grief personnel, bien plus poignant et bien plus profond que le premier !

QUELQUES LETTRES

DE

JOSEPH LE BON,

ANTÉRIEURES A SA CARRIÈRE POLITIQUE.

LETTRE I.

A M. MILLIÉ, à l'Institution de l'Oratoire, rue d'Enfer, à Paris.

La grâce de N. S. J. C. me soit accordée par vos prières.

21 Septembre 1788.

Vous avez bien raison, jeune étourdi, de me demander grâce ; ce n'est pas sans peine que je vous l'accorde. Je me croyais le plus paresseux des hommes, je suis fâché que vous m'ayez détrompé en me faisant attendre si longtemps de vos nouvelles. Combien de fois pensez-vous que j'aie déjà relu votre lettre? C'est un second bréviaire pour moi ; j'y vois avec plaisir que vous conservez l'amitié des PP. Méraut et Carrichon. Je vous disais bien, avant de partir de Beaune, que vous trouveriez en eux de bons amis, des hommes tout disposés à vous obliger. Continuez, mon cher Millié, à les contenter par votre exactitude à remplir la règle; ne négligez aucun de vos devoirs, il n'en est point qui ne soit très-méritoire et très-respectable dès qu'il est fait en vue de Dieu. Vous trouverez parmi vos confrères des têtes éventées qui traiteront de niaiseries toutes les pratiques qui sont en usage dans la sainte maison que vous habitez; j'aime à me persuader que vous vous souviendrez alors de ce que je vous ai si souvent répété à ce sujet, que s'il était actuellement en mon pouvoir de recommencer l'Institution, je serais d'une attention scrupuleuse pour n'omettre aucun des exercices prescrits par les règlements. Ne soyez point un coureur de corridors, ne portez point chape dans le jardin. Un homme qui ne sait point retenir sa langue, n'a guère fait de progrès dans la vertu. Aimez votre petite cellule, regardez-la comme un arsenal où vous devez sans cesse vous occuper à préparer des armes pour le jour du combat; car, vous le savez, ce n'est, à proprement parler, ni l'année que vous commencez, ni celle qui la suivra qui m'inquiètent; vous trouverez dans l'heureuse habitude que vous avez contractée d'être vertueux et dans les sages conseils des personnes qui sont chargées de vous, assez de secours pour le bien; mais viendra le temps où il faudra paraître en présence des ennemis. Ce moment, quelque éloigné qu'il vous semble, ne doit jamais être perdu de vue; vous savez qu'il a été funeste à bien des jeunes gens, et vous en avez vu de tristes exemples. Il s'en trouve très peu qui résistent au premier choc ; soyez un jour du nombre de ces derniers, mon bon ami; mais, pour y réussir, revêtez-vous d'une cuirasse impénétrable ; que votre religion soit établie sur des principes sûrs ; ayez toujours devant les yeux la gloire de Dieu et l'utilité du prochain. En aimant vos frères et en leur rendant tous les services qui dépendront de vous, il pourra arriver qu'ils soient ingrats à votre égard ; ne soyez donc pas assez insensé pour attendre d'eux votre récompense, rapportez tout à celui auprès duquel un verre d'eau donné en son nom aura un prix infini. En effet, sans cet espoir de l'immortalité et de la couronne réservée aux justes, quel motif assez puissant pourrait retenir l'homme de bien dans la carrière de la vertu, où il ne recueille souvent que les tribulations et le dégoût? Ah! Millié, pensez-y bien, cette voix qui nous crie au fond du cœur que nous sommes immortels, n'est la suite ni de l'éducation, ni des préjugés qui sont différents chez les différents peuples ; elle est l'ouvrage de Dieu même, elle se trouve dans tous les hommes de toutes les nations ; la Divinité nous aurait-elle si fortement convaincus que nous nous survivrons à nous-mêmes pour nous abuser au sortir de la vie, et ne nous offrir que le néant! Méditez cet argument, mon bon ami; il est dans le goût de ceux que je vous ai faits quelquefois et qui vous paraissaient incontestables.

LE BON, *de l'Oratoire.*

Je ne sais si Masson ne vous a chargé de me rien dire de sa part; quant à moi, je vous somme de l'embrasser pour moi, et de lui dire que j'exige une lettre de lui avant la fin de septembre. J'attends que je l'aie reçue pour écrire à sa maman. J'envoie demain une épître à Malivernet; j'y insérerai un billet pour Mme Millié. Je lui écrirai directement quand je serai rendu à Paris, afin de lui annoncer le jour de mon arrivée. Je n'ai encore reçu aucune nouvelle de Beaune; je vous en ferai part dans ma réponse à Masson, que je lui enverrai le 9 ou le 10 octobre. Dites à ce gros garçon de me faire part, de son côté, de ce qui s'est passé dans l'Assemblée; le P. Méraut pourra l'instruire. Quels sont les PP. assistants, visiteurs, etc., etc., et quels sont leurs départements? Le P. Mandar reste-t-il à Juilly? le P. Vivens est-il parti? Priez aussi le P. Parault de vous indiquer les jours, les heures où partiront, à la fin du mois prochain, les différents coches de Montereau, de Sens et d'Auxerre; je serais bien aise de savoir le prix des places; si l'on s'arrête pour coucher, et combien de temps on met à faire la route. Voilà bien de l'ouvrage pour Masson, mais enfin, que ne ferait-il pas pour m'obliger !

Présentez mes respects au P. Supérieur, au P. Carrichon, au P. Parault, au P. Montenoise, ainsi qu'à tous les PP. étrangers qui pourraient vous parler de moi.

J'ai la grippe aussi bien que vous, mes chers enfants ; prenons patience. Masson peut m'adresser sa lettre : A M. Le Bon, de l'Oratoire, chez M. son père, vis-à-vis l'église Sainte-Croix, à Arras.

LETTRE II.

A M. Masson fils (*), chez M. son père,
nég[t] en soieries, à Beaune.

Eh bien ! grand bidet, le temps approche, et je vois avec le plus grand plaisir que j'aurai bientôt celui de vous embrasser, ainsi que toute votre aimable famille. Ma foi, ce voyage d'Arras à Beaune est un peu bien long, mais je ne saurais me détacher d'un endroit où j'ai fait une connaissance comme celle de vos parents. Je suis ici accablé de caresses

(*) L'aîné des trois fils, mort à Beaune, en 1837, Président du Tribunal de Commerce, et laissant la mémoire d'un parfait homme de bien.

et l'on met tout en jeu pour me retenir ; non, il n'en sera pas ainsi ; je crèverais en moins d'un mois si je n'avais plus le même train de vie que j'ai depuis cinq ans. Cette agitation, ce tracas d'écoliers, etc., me plaisent infiniment, et le repos serait maintenant pour moi le dernier des supplices. Je sais que Mme Guinet est accouchée heureusement d'un gros garçon ; grand bien lui fasse, j'en suis charmé quant à moi ; dites-lui bien des choses de ma part, ainsi qu'à M. son mari, que j'aime et estime véritablement. Mimi se plaît à l'Institution, et le P. Supérieur m'a mandé qu'il en était très-content, et qu'il était un modèle. J'en dis autant de Millié, on ne les sépare pas dans les heureuses nouvelles qu'on m'en a données. Ils me causent tous deux un plaisir inexprimable. Faites part de ces lignes à la famille de Millié, et dites à Mme Millié que je lui écrirai de Paris ou de Troyes pour lui annoncer mon arrivée à Beaune. Allez chez M. Guiard, et dites-lui mille choses agréables ; qu'il soit bien convaincu que je ne l'oublie pas et que je suis toujours plein d'attachement pour lui. Vous ferez trente-six millions de compliments à toute votre famille ; je ne parle point de Monsieur ni de Madame Masson, je les mets hors des rangs ; je ne sais comment m'y prendre pour leur marquer mes véritables sentiments à leur égard ; toutes mes commissions regardent oncles, tantes, surtout Mme Torchin, l'abbé de Nuits,

J.-B. Masson, le P. Poussard, le P. Masson, s'il est près de vous.

Vous vous transporterez au collége, vous y verrez le P. Supérieur, le P. Préfet, le P. Rostaing, le P. Mortillet; vous leur direz que j'existe encore; vous vous rendrez ensuite chez le P. Ansart, et, après l'avoir embrassé, vous le sommerez de vous remettre ma robe qui est dans ma malle. Vous la ferez porter chez vous par un domestique; vous y ferez faire une nouvelle paire de manches par Malivernet, à qui vous souhaiterez le bonjour de ma part, comme aussi à son fils. Outre ce, vous me ferez faire une autre robe sur le modèle de celle qui vous sera remise; elle sera de même étoffe ou non, peu m'importe, cet article regarde Mme Masson. Que tout cela seulement se trouve chez vous, la veille de la Toussaint, bien et dûment arrangé.

Vous devez naturellement recevoir ma lettre dimanche, 5 d'octobre; alors, vous y répondrez le lundi 6; il sera trop tard d'y faire réponse le mercredi 8, à moins que vous ne l'adressiez à l'Institution, à mon passage à Paris. Si vous avez le temps d'écrire le 6 : A M. Le Bon, de l'Oratoire, chez M. son père, vis-à-vis de l'église Sainte-Croix, à Arras.

Mes compliments à M. Maréchal, etc., etc.

LE BON, *de l'Oratoire.*

30 Septembre 1788.

LETTRE III.

Pour MASSON et MILLIÉ,
MILLIÉ et MASSON.

Je ne puis, mes chers enfants, vous écrire que deux mots, à cause des embarras que j'ai trouvés dans cette maison; je me porte bien, vos parents aussi. M. Masson serait bien aise de recevoir directement une lettre de son fils Mimi, que ses désirs soient promptement satisfaits.

Lazare Millié a très-mal terminé ses vacances, je ne sais encore ce qu'il deviendra. Le P. Trinchant fait son possible pour en être débarrassé; le P. Ansart craint de l'avoir, et moi de le lui procurer.

Riget a fini comme je le lui avais prédit, la compagnie de Gandi l'a entraîné en Corse, où il sert le roi dans le régiment du Maine. Le reste va bien, tout le monde vous embrasse.

On se porte bien à Avallon, où j'ai passé quatre heures. Le plan que je vous avais proposé pour nos lettres n'aura point lieu. Vous écrirez quand vous le jugerez à propos à vos parents. Quant à moi, j'attends de vous une lettre datée du 10, ou du 12, ou du 14 de novembre; je vous indiquerai, dans la réponse que j'y ferai, le temps où vous m'en enverrez une autre; vous écrirez alternativement; je vous laisse à décider celui de vous qui se chargera, cette fois, de la commission. Ayez soin de me montrer votre cœur tout entier et de me donner d'amples détails sur votre manière d'exister. Surtout la règle, la règle ! Attention, Millié ; bonsoir, mes enfants, je vous aime de tout mon cœur.

Bonjour à Schillemans.

LETTRE IV.

Vous devez vous attendre, mon cher Mimi, à une réponse affectueuse et prompte de ma part, après la charmante épître que vous m'avez envoyée ; le ton qui y règne d'un bout à l'autre, en me rappelant les anciennes effusions de votre âme, m'a fait éprouver l'émotion la plus douce. Il me semble jouir encore de ces instants délicieux où, reconnaissant le faux et l'injustice de votre amour-propre, vous m'en faisiez l'aveu ingénu et me forciez de pleurer avec vous !

Je suis ravi que vous mettiez à profit ce temps de retraite que la Providence vous a accordé, pour tâcher de déraciner autant que possible ce vice, le premier vivant et le dernier mourant dans l'homme.

Ne vous aveuglez pas sur les manquements légers à la règle ; c'est dans l'observance exacte des petites choses que l'on s'exerce à la pratique des plus grandes ; quelle témérité, d'ailleurs, de s'imaginer qu'on sera capable d'une entreprise difficile, quand on n'a pas le courage d'exécuter ce qui est le plus aisé ! Celui qui attend pour être vertueux les circonstances importantes, risque fort de ne l'être jamais. Vous devez reconnaître ici mes anciens adages ; c'est encore mon cœur qui se plaît à vous les répéter comme autrefois. Où sont-ils ces jolis tours de rempart, ces promenades à Bligny, pendant lesquelles nous nous électrisions pour ainsi dire, et nous encouragions à être bons ! Hélas ! mon tendre ami, si mes occupations n'étaient pas aussi multipliées, je vous envierais le bonheur dont vous jouissez ! je n'aurais de repos qu'après m'être réuni à vous !... Mais la religion me soutient, que dis-je ? elle éloigne de moi tout regret qui pourrait m'affaiblir et me rendre indigne d'être votre maître. Si nos corps sont séparés, du moins nos cœurs ne le sont pas ; et quand la nature souffrirait un peu de la distance qui se trouve entre nous, serions-nous assez insensés pour ne pas nous faire, auprès de Dieu, un mérite d'une séparation qui doit nécessairement se faire un jour !

Je vous embrasse, mon cher Masson, et vous exhorte à continuer et à avancer de plus en plus dans le chemin de la sagesse.

J'ai vu vos parents après la réception de votre

lettre ; je leur ai fait part des heureuses nouvelles que le P. Supérieur me donnait sur votre compte ; j'ai fait pleurer la famille, et j'ai joui d'un spectacle que m'a souvent procuré la tendresse de votre maman. Tout le monde se porte bien et vous fait mille compliments.

Vos anciens camarades me donnent beaucoup de satisfaction. Billardet devient un excellent écolier ; Jandeau est un maître et tient tête à Malivernet. Peste se perfectionne beaucoup. Gauthey est aussi nerveux qu'incorrect. Les succès qu'a eus Fouquerand n'ont pas suffi pour le déterminer à travailler ; son père est à l'extrémité, j'attends tout de ce dernier coup. L'abbé Gauthereau n'est pas assez soutenu ; Faguet, étourdi ; Gélicot ne se laisse pas aisément manier et ne fait bien que par boutades. Ils vous embrassent tous et parlent souvent de vous.

Adieu, mon bon ami ; portez-vous bien, et donnez-moi souvent signe de vie. Bonjour à Schillemans et à Dufour.

LE BON, *de l'Oratoire.*

LETTRE V.

Beaune, le 12 Décembre 1788.

Vous avez dû prévoir, mon cher Millié, l'impression que votre lettre a faite sur mon cœur ; je savais bien, lorsque je vous envoyai à l'Institution, que vous ne pourriez résister aux attraits vainqueurs de la piété qui s'y montre sous toutes les formes les plus aimables, et qui y verse dans l'âme de si douces consolations. Quelles émotions vives, quels transports charmants n'éprouve-t-on pas dans les différents exercices de votre retraite ! Quel être assez froid pourrait se refuser au plaisir d'y verser, au moins quelquefois, des larmes d'attendrissement ! Mais craignez de vous livrer trop à votre imagination ; la vertu n'est point le fruit des extases et des ravissements ; c'est une constance et une exactitude à remplir nos devoirs qui provient, non d'un moment de fermentation, mais d'une attention fidèle à reconnaître les bienfaits de Dieu, en coopérant à ses vues d'amour et de miséricorde à notre égard. Sentez donc tout le prix de la faveur qu'il vous a accordée en vous mettant à même de le servir d'une manière particulière ; fortifiez-vous de jour en jour dans les bonnes résolutions que vous formez dans votre lettre : je vous l'ai déjà dit, vous ne sauriez faire trop de provisions ; vous avez vu nos colléges, vous les avez vus de façon à pouvoir en juger ; quelle pauvre idée ne devez-vous pas en avoir, quand ils sont composés de sujets sans honneur et sans religion ! et vous croiriez vous soutenir et faire le bien dans des circonstances semblables, si vous n'aviez acquis cette intrépidité généreuse que peut seul donner l'exercice de la vertu ! Je me réjouis dans la confiance où je suis que vous suivez les sages avis de vos supérieurs, et que vous répondez à toute l'amitié qu'ils vous témoignent. Avouez que le commerce des gens de bien a des douceurs inexprimables ; qu'il est beau de s'encourager mutuellement à la pratique de ses devoirs par ses discours, et plus encore par ses exemples ; vous ne me soupçonnez pas de trahir ma pensée, j'envie votre sort, et si l'ordre de la Providence ne me retenait ici, il y a longtemps que j'aurais sollicité une place auprès de vous. Je ne m'arrête point à cette idée qui me rappelle trop fortement les instants délicieux que nous avons passés ensemble. Mon plan de vie est bien changé depuis que je ne vous ai plus pour me consoler ; je ne suis plus reconnaissable ; voilà tantôt quinze jours que je n'ai vu le seuil de notre porte, et je ne compte le voir que mercredi prochain, en partant pour Mâcon, où je dois être ordonné diacre. Il n'est pas besoin que je me recommande à vos prières ; vous savez combien elles me sont nécessaires, distrait surtout comme je suis par tant de soins et de besogne. Adieu, mon cher Millié, aimez-moi toujours comme je vous aime. Tout à vous en J.-C.

LE BON, *de l'Oratoire.*

Présentez mes respects aux RR. PP. Méraut, Carrichon, Parault et Montenoise. J'écrirai au P. Supérieur avant la fin du mois.

Je vais maintenant vous satisfaire sur tout ce qui peut vous intéresser ; votre mère, vos sœurs, vos frères se portent bien. Votre sœur cadette est pour longtemps à Avallon ; la petite Thérèse y est retournée. Je les ai vues à mon passage par cette ville, où le hasard m'a conduit. Votre frère Lazare est en quatrième ; il ne court plus, définitivement ; le P. Ansart en est content ; il a été le 1er, 6e, 7e, second. Tous les PP. de la maison vous font des compliments. Le P. Sauriat et le P. Marchand se portent bien. Le P. Marandet compte aller, aux vacances prochaines, à Paris, pour voir *notre Masson.* Le P. Léautier est le professeur de sept anciens rhétoriciens. Le P. Planté a de quoi s'ennuyer en seconde. Le P. Rostaing compte m'accompagner à l'ordination pour y recevoir les mineurs ; le P. Ansart fait très-bien aller sa classe. Nous avons pour cinquième, le P. Trinchant, et pour 6e, le P. Varnier. La communauté est on ne peut mieux composée ; le P. Vivens est adoré des pensionnaires, et fait son emploi avec un zèle et un succès admirables. La pension est charmante cette année ; tous ces petits enfants vont au-devant de nos désirs. Voici leurs noms : Hutet l'aîné, Faguet, l'abbé Gauthereau, Constantin l'aîné, Vibert, Vergnet l'aîné, Constantin cadet, Hutet (Charles), Jeannin, Laligant, Brunet, Hutet cadet, Marteau, Fourrat, Bourgeois, Labarre, Dumesnil l'aîné, Lamarosse, Dumesnil cadet, Chevignard (Henri), Portier. On en attend encore cinq ou six que les rhumes retiennent. Vous êtes surpris de trouver Gauthereau parmi les pensionnaires ; les histoires dont je vous ai parlé au sujet du curé de la Madeleine en sont cause. Ce jeune homme mène une conduite exemplaire. Quant à Lamarosse, le gouverneur de Bourgogne ayant passé à Beaune, il est venu avec moi lui débiter quelques mauvais vers que j'avais faits, et c'est depuis cette époque que les parents l'ont mis chez nous. Je crois qu'ils n'auront point à s'en repentir.

Il me reste à vous parler de ma classe ; ils m'accablent de contentement ; ils ont vraiment une ardeur admirable ; les deux vétérans, Billardet et Rousseau, n'ont guère été que les derniers jusqu'ici ; mais ils ont bonne envie, et Billardet surtout deviendra excellent. Malivernet me fait des amplifications où j'ai peine à trouver de légers défauts ; il trouve heureusement dans Faguet, Gauthereau, Gélicot, Jeandeau, Gauthey, Vibert, des gens qui lui tiennent tête ; tous les devoirs sont travaillés avec un soin que vous aurez peine à concevoir. Peste et Mathieu se développent aussi d'une manière surprenante ; Loichet, Cornet, sont les deux plus faibles de mes anciens ; je ne compte pas Fouquerand, qui m'a seulement promis ce soir de travailler, quand je lui ai dit que j'allais vous écrire. Je ne vous envoie point de liste de places, nous n'avons fait que quelques essais pour juger à peu près de la force d'un chacun ; nous ne composerons qu'au printemps, deux ou trois fois par semaine. Tous ces personnages que je viens de passer en revue, vous embrassent, ainsi que Mimi ; priez Dieu qu'il les conserve tous dans leurs bonnes dispositions. Le P. Pugor est à Effiat ; le P. Roussel est, dit-on, supérieur à Salins ; le P. Mortillet est parti, hier, pour Juilly, où il va faire la suppléance des classes ; vous le verrez à son passage à Paris. Je finis, trouvant encore trop courte l'étude de cinq heures que je viens de passer à m'entretenir avec vous. Adieu, l'ami, adieu; portez-vous bien, et craignez de me faire la moindre peine. Adieu.

Vous mettrez un petit billet pour moi dans la lettre de Masson.

LETTRE VI.

Bonjour, mon cher Mimi, je ne puis que vous encourager à continuer comme vous avez commencé; j'apprends avec plaisir que les choses vont bien. Perfectionnons de jour en jour, et ne laissons rien à désirer de ce qui peut être en notre pouvoir. J'attends une lettre de vous avant le 6 janvier 1789. Je vous souhaite à tous les deux une bonne santé. J'ai vu vos parents qui se portent bien, et qui me rendent actuellement les visites que je leur faisais autrefois. Quant à moi, je ne me suis jamais trouvé si bien de mon physique; je me rétablis entièrement, priez Dieu que ce soit pour sa gloire. Adieu, je vous embrasse de tout mon cœur.

LE BON.

LETTRE VII.

Pour Millié.

Je ne différerai pas davantage de vous écrire, mon cher Millié, et je n'attendrai pas que vous me préveniez par une nouvelle lettre. Le bien que l'on me mande de vous triomphe de ma paresse et me détermine à vous en féliciter sur-le-champ. Mais prenez garde, mon cher ami, que l'amour-propre ne corrompe vos heureuses dispositions et n'infecte votre âme ; vous savez, par une funeste expérience, combien son poison est subtil ; rappelez-vous toutes les peines qu'il m'a causées tandis que vous étiez auprès de moi. Il y a un an à peu près, dans le temps où nous sommes, que je suais sang et eau pour vous ramener à des principes justes et raisonnables ; redoublez d'ardeur, et ne laissez point échapper les occasions favorables de vous affermir dans l'amour de vos devoirs ; que pourrait-on espérer d'un jeune homme qui manquerait de ferveur et d'exactitude à l'Institution ! On ne saurait apporter, dans nos colléges, trop de régularité, les embarras, les soins, les distractions en font déjà trop perdre, et il faut avoir fait bonne provision pour ne pas se trouver au dépourvu.

Je suis allé voir vos parents jeudi dernier ; je les ai trouvés en bonne santé. Lazare avait fait sa première communion le dimanche précédent, et paraissait s'animer un peu. J'ai fait part à toute la famille de votre contentement et de celui que vous donnez à vos supérieurs, vous imaginez aisément l'effet que cette nouvelle a produite ; je souhaite leur en donner toujours de semblables.

On se remue fort dans ce pays à l'occasion des États-Généraux ; les Beaunois ont fait deux ou trois écrits pitoyables, remplis de fautes de français, et ont bien fait rire à leurs dépens.

Les médecins sont déconcertés de ce qu'on ne meurt plus ici à l'ancienne mode ; sur 32 personnes mortes le mois dernier, seize sont mortes subitement. On ne sait à quoi attribuer ces malheurs. M. Masson, le boiteux, entre chez M. Fouquerand pour s'informer de la santé de ce dernier, tout-à-coup, sans dire gare, il décampe pour l'autre monde. Le trompette Manchot détale de la même façon le jour des Cendres, en faisant le brave, à ce qu'on dit, et en mangeant une rôtie de graisse. Nous avons commencé le carême par enterrer notre pauvre M. Petit, lequel est décédé en homme de bien, avec l'ordonnance de la Faculté.

Les PP. de la maison, à qui j'ai fait part de vos respects et compliments, vous saluent. Vos camarades vous embrassent ; consultez Mimi, il vous donnera d'autres nouvelles, je les ai partagées à dessein. Adieu, mon cher Millié, priez Dieu pour moi et comptez sur mon attachement pour la vie.

Je vous souhaite la bonne fête.

LE BON, *de l'Oratoire.*

LETTRE VIII.

A M. MASSON, à l'Institution de l'Oratoire, rue d'Enfer, à Paris.

A ton tour,

Je n'y tiens plus, je suis en reste avec tout le monde, je ne reçois que plaintes et reproches; Masson, mon ami, tout doux, ne vous mettez point de la partie, cessez de vous en prendre à mes rhétoriciens de mes indignes retards; excepté le temps de ma classe, je ne les vois guère; leurs sociétés sont un peu différentes des miennes, et quoique je n'aie rien à dire sur leur conduite, je ne trouve plus en eux cet attachement tendre qui existait autrefois. Je n'en suis pas fâché, du reste, il me serait impossible d'y répondre comme jadis; je ne suis plus cet original que rien ne fatiguait, et que l'on voyait, du matin au soir, arpenter les rues; je sors peu, et presque jamais les jours de classe; sans la pension, je mènerais presque une vie de philosophe, et, tout ennemi que je suis de l'égoïsme, mes peines passées me font sentir vivement les douceurs du repos.

Cependant, je ne suis pas absolument inutile;

j'ai transporté aux pensionnaires des soins qui ne servent souvent guères auprès des externes ; mon cœur est tout entier au milieu d'eux, et j'espère, l'an prochain, en faire mes délices. Le bon ordre qui y règne attire l'attention du public ; ils sont en ce moment 28, et j'en connais une dizaine qui entreront aux vacances. Priez Dieu que ce nouvel emploi auquel je vais me livrer tourne à sa gloire. Votre frère Cadet pourra bien se trouver sous moi dans la pension ; il fait fort bien chez M. Marcand.

Tous vos parents sont en bonne santé, et vous écriront dans peu ; écrivez vous-même à votre papa, rien ne lui fera tant de plaisir.

Je ne sais comment vous vous êtes imaginé que je dirais ma première messe à l'Institution, vous savez que je suis né le 25 septembre, et que, par conséquent, je ne puis être prêtre qu'à Noël.

Je ne vous parlerai pas des prosélytes de l'an prochain. Si vous en exceptez Rousseau et Verguet qui ne peuvent y prétendre, c'est un goût général dans ma classe, et ils y ont tous à peu près les mêmes droits, n'étant pas plus habiles les uns que les autres. Je me rendrai néanmoins difficile, et je ne sais si j'en enverrai d'autres que l'abbé Gauthereau, lequel m'étouffe de contentement après m'avoir bien fait suer de peine. Je n'en écrirai au P. Méraut qu'aux vacances.

Continuez de vous conduire d'une manière irréprochable; et, pour vous y exciter, songez de temps en temps à tous les pas que j'ai faits pour vous.

Adieu, mon âme, je vais dîner, bon appétit; écrivez-moi tous deux très-souvent, *sæpè, sæpiùs, sæpissimè*.

LETTRE IX.

Pour Millié.

Je n'ai point de conseil à vous donner, mon cher ami, sur le parti que vous me proposez; j'en écris au P. Méraut; vous vous tiendrez à ce qu'il vous dira.

Je vous envoie la liste des prix :

RHÉTORIQUE.

Diligence.

1. Gauthereau, pensionnaire.
2. Malivernet.

Amplification.

1. Loichet.
2. Gauthereau et Billardet.

Accessit proximè, Faguet, pens.

Version.

1. Malivernet.
2. Gélicot.

Accessit proximè, Gauthey.

Thême.

1. Gauthereau.
2. Gauthey.

Acc. Peste.

Mémoire.

Prix. Gauthereau.
Acc. Billardet.

SECONDE.

Diligence.

1. Hutet, pens.
2. Jeannin, pens.

Narration.

1. Hutet.
2. Jeannin.

Acc. prox. Ligeret.

Version.

1. Jeannin.
2. Hutet.

Acc. Ligeret.

Thême.

1. Hutet.
2. Lagarde et Collaudin.
Acc. Jeannin.

Version.

1. Jeannin.
2. Pigeard.
Acc. Hutet.

Mémoire.

Prix. Hutet.
Acc. Lagarde.

TROISIÈME.

Diligence.

1. Labarre, pens.
2. Dumesnil, pens.

Version.

1. Labarre.
2. Dumesnil.
Acc. Bouzerand.

Thême.

1. Dumesnil.
2. Fromageot.
Acc, Bouzerand.

Version.

1. Dumesnil.
2. Fromageot et Bouzerand.
Acc. Menant.

Mémoire.

Prix. Bouzerand.
Acc. Labarre, Dumesnil.

QUATRIÈME.

Diligence.

1. Bourgeois, pens.
2. Lamarosse, pens.

Version.

1. Bourgeois.
2. Brunet, pens.; Bardin.
Acc. prox. Lamarosse.

Thême.

1. Lamarosse.
2. Marteau, pens.
Acc. Jolivot.

Mémoire.

Prix. Brunet, Bardin.
Acc. Hutet, Lamarosse.

CINQUIÈME.

Diligence.

1. Morelot.
2. Dumesnil, pens.

Version.

1. Valençaux, pens.
2. Mathieu.
Acc. Dumesnil.

Thême.

1. Valençaux, Mathieu.
2. Fromageot.
Acc. Morelot.

Mémoire.

Prix. Coqueugnot.
Acc. Mathieu.

SIXIÈME.

Diligence.

1. Torchin.
2. Voisin.

Version.

1. Voisin.
2. Bernard, pens.
Acc. Jolivot.

Thême.

1. Bernard.
2. Voisin.
Acc. Torchin.

J'ai vu vos parents, ils se portent tous fort bien,

et vous engagent, ainsi que moi, à vous comporter toujours en jeune homme vertueux.

Je ne sais si quelqu'un de mes écoliers ira à l'Institution ; l'abbé Gauthereau veut rester près de moi pour faire sa philosophie, et même il passe ses vacances à la pension ; il vous souhaite le bonjour. Adieu.

LE BON.

LETTRE X.

Pour Masson et Millié.

Recevez, mes chers amis, mes compliments sincères sur le choix que vous avez fait. Vous prenez le Seigneur pour votre partage, je vous ai souvent répété qu'il était le seul bien stable et en état de remplir la capacité de notre âme. Persévérez, je vous en conjure, dans les bons sentiments que vos lettres annoncent, vous ne pouvez me causer un plaisir plus doux.

Je vous embrasse de tout mon cœur, adieu.

LE BON, *de l'Oratoire.*

Je suis content de vous, Masson ; les deux familles se portent bien.

LETTRE XI.

À MM. MILLIÉ et MASSON, de l'Oratoire, à Enghien, près Paris.

Je bénis le ciel, mes bons amis, de ce qu'il a mis obstacle à votre premier dessein ; si vous l'aviez exécuté, c'est alors seulement que je me serais cru malheureux ; car ne vous imaginez pas que j'appelle malheur la position où je me trouve ; seul avec Dieu et ma conscience, je n'en sens que mieux ce que je vous ai répété souvent, que la vertu est le premier des biens, et que la fortune n'a aucune prise sur un chrétien véritable. Tranquillisez-vous... je rentrerai, ou je ne rentrerai pas, je suis également disposé à l'un et à l'autre parti ; mais, quelle que soit la décision des PP. du Conseil, elle n'altérera jamais les sentiments de tendresse dont je suis pénétré pour vous. Je le serai de même toute ma vie pour une Congrégation où j'ai puisé les principes de la justice et de la sagesse ; je ne saurais en vouloir aux hommes de ce qu'ils ne m'ont point connu. Imitez en cela mon exemple, mes chers enfants, et souvenez-vous que, dans tous les temps, les hommes vertueux ont été en butte aux persécutions. Je ne puis vous en dire aujourd'hui davantage ; je vous écrirai aussitôt que j'aurai reçu des nouvelles définitives.

Mille choses au brave P. Rondeau, ainsi que moi, l'ami des jeunes gens.

J'écris au P. Supérieur pour le remercier de sa bonté à votre égard ; tâchez de ne point le forcer au repentir.

Votre bon père et ami,

LEBON.

Beaune, 4 juin 1790.

LETTRE XII.

Pour MASSON.

Ah ! de quel chagrin venez-vous accabler un père qui vous aime ! Voulez-vous donc faire entièrement triompher mes ennemis en vous conduisant d'une manière aussi contraire aux principes que je vous ai toujours donnés ! Eh quoi ! si vous n'aviez affaire à un Supérieur plein de charité, vous ne seriez déjà plus dans l'Oratoire ! Remerciez ce brave homme de m'avoir averti à temps pour éviter à vos parents la cruelle peine que vous leur prépariez. Ouvrez-moi votre cœur, mon cher fils, et dites-moi par quel enchaînement de circonstances fatales vous en êtes venu au point de négliger vos devoirs, et, surtout, ceux qui ont un rapport plus direct à la religion ! Combien je crains qu'enivré des premières douceurs de la piété, pendant votre institution, vous n'ayez pas été suffisamment en garde contre ces instants de sécheresse par lesquels Dieu se plaît à éprouver ses serviteurs ! Vous vous êtes imaginé que la vertu vous procurerait partout ces jouissances délicieuses que vous avez goûtées dans les commencements de votre vie oratorienne ; détrompez-vous, mon bon ami, et ne cessez point d'être vertueux parce que les consolations sensibles ne vous offrent pas toujours ici-bas votre récompense. Ce n'est point aimer le Seigneur, mais s'aimer soi-même, que de l'abandonner au moment où il veut purifier notre amour en nous privant de tout autre objet que lui. D'après ce principe, jugez-vous, Masson, mon ami, ou plutôt allez vous jeter aux pieds du P. St-Jori, conjurez-le d'oublier votre ingratitude, et priez-le de vous ramener dans le sentier de la justice dont vous vous êtes écarté. C'est le seul moyen qui vous reste de conserver l'amitié de celui qui se trouve aujourd'hui l'innocente victime de son attachement constant pour ses élèves.

Le plus heureux des hommes,

LE BON, prêtre de J.-C.

Ciel, ce 21 juin 1790.

Je n'ai rien dit de tout ceci chez vous ; écrivez-moi au plus tôt, à mon adresse, chez M. Lamarosse, à Beaune, et dissipez des inquiétudes qui, bientôt, altéreraient mon bonheur.

LETTRE XIII.

Pour Millié.

Quoique j'improuvasse votre démarche, mon cher ami, je n'avais pas moins été sensible d'abord au témoignage de votre reconnaissance ; mais la funeste nouvelle que le P. Supérieur vient de me donner de votre relâchement dans la pratique du bien, efface l'impression agréable que votre lettre avait laissée dans mon âme. Les marques d'estime et d'attachement ne me plaisent qu'autant qu'elles partent d'un cœur sincèrement vertueux ; or, où se trouve la sincérité de la vertu dans un homme qui se fait un jeu de manquer à ses devoirs? Mon fils, hâtez-vous de réparer vos fautes, si vous voulez m'appeler encore votre père. Vous me connaissez donc bien peu ! Vous vous affligez d'un prétendu malheur temporel qui m'est arrivé : vous me croyez dans la douleur, ce qui n'est certainement pas, et vous ne craignez pas de me contrister véritablement par votre inconduite ! Un instant de réflexion, mon ami, un retour vers le souverain arbitre de nos destinées, et vous me direz ensuite si l'homme qui pense peut, sans témérité, se reposer jamais au milieu de la carrière ; vous vous indignez du sort qui m'était réservé.... Y songez-vous? ce moment est le plus beau de ma vie, et vous seul cherchez à l'empoisonner. Le Dieu de charité, à la gloire duquel j'ai sacrifié ma vie, visite son serviteur dans ses tribulations, et c'est au fond de la retraite qu'il verse comme à torrents dans son âme les consolations ineffables de la vertu ; gardez-vous d'altérer mon bouheur, et tranquillisez-moi au plus tôt.

Ciel, 21 juin 1790. LE BON, prêtre de J.-C.

Mille choses au P. Rondeau.

LETTRE XIV.

A M. Masson, de l'Oratoire,
à Enghien.

Mes chers amis,

J'ignore quel motif peut vous porter, dans la circonstance, à vous rapprocher de Beaune ; vous savez la position où je me trouve, vous me la rendriez désagréable en venant partager les opprobres dont mes confrères ont cherché à me couvrir. Laissez arriver un temps plus heureux ; la vérité, tôt ou tard, se fera jour; et alors mon plus grand plaisir sera de vous revoir ; jusque-là, votre présence me serait terriblement à charge, je ne puis vous le dissimuler ; ainsi, tirez la conclusion.

Attendez patiemment à Montmorency la décision de votre sort ; s'il faut que j'écrive au P. St-Jori pour vous faire placer, mandez-le moi sur-le-champ, je le ferai volontiers.

Je ne puis vous écrire plus longtemps cette fois, mais tranquillisez-vous sur mon sort, et croyez-moi, pour la vie, tout à vous.

LE BON.

Marquez-moi ce qu'on pense à Montmorency sur l'éducation et ses formes. Les Constantin vous embrassent.

23 août 1790.

Mes respects aux PP. St-Jori et Rondeau.

LETTRE XV.

A M. MASSON, de l'Oratoire,
chez M. son père, à Beaune.

Vous avez dû juger par ma dernière, mon cher ami, que les sollicitations de ma famille ne m'ont pas encore ébranlé ; j'espère que ma constance ne se démentira pas, au moment surtout où je puis retrouver une place dans votre voisinage. Peut-être ne serai-je pas bien éloigné ; mais je doute que jamais j'habite de nouveau la ville de Beaune. Je souhaite bien sincèrement au P. Paquelin la cure de St-Pierre, je ne connais personne qui en soit plus digne que lui ; toutefois, sa nomination m'exclura infailliblement du nombre des vicaires, et la raison en est péremptoire pour quiconque a réfléchi sur l'esprit de corps. Prenons notre parti en braves, mon cher ami ; les hommes ont pu et pourront toujours rompre les liens extérieurs de notre amitié, mais nos cœurs ne sont pas en leur pouvoir, et de vrais patriotes doivent se rire des tentatives que l'on fait contre eux.

Avez-vous reçu des réponses du Conseil ? je vous charge de réveiller ce coquin de Millié. Je compte que Masson ne souffre plus aujourd'hui. Vous allez, tous deux, profiter de l'occasion pour me mander force nouvelles. Allons, courage.

Le domestique ne doit guère passer à Beaune que trois heures. Bonjour, père Masson, dame Masson, Mlle Marie, Cadet, M. et Mme Guinet, et tous mes amis.

4 mars, deuxième année de la liberté.

LETTRE XVI.

A MM. les amis de la Constitution, à Beaune, département de la Côte-d'Or.

Neuville-Vitasse, près Arras, le 25 juillet de l'an IIIe de la Révolution.

Frères et amis,

Les épreuves par lesquelles la Providence m'avait

exercé jusqu'ici me donnaient lieu d'espérer enfin quelques instants de relâche; plein de cette espérance trompeuse, je me livrais de toutes les puissances de mon âme au doux plaisir du repos dans le sein de l'amitié; et voilà qu'une nouvelle tempête m'arrache encore à mes amis et à moi-même.... Trois lettres, plus pressantes les unes que les autres, m'arrivent presque en même temps dans ma solitude du Vernoi; si je ne pars aussitôt après leur réception, je ne dois plus jouir de la raison de ma mère; l'empressement qu'elle a de me voir, *ou plutôt son indignation contre mon serment et contre ma nomination à la cure de Neuville-Vitasse*, lui fait perdre la tête; un seul jour de retard peut me rendre coupable d'un grand crime.

Je pars donc sur-le-champ; je regagne mon ancienne patrie, dévoré de peines et de regrets; une seule idée me consolait parfois dans ce voyage funeste, ma présence allait opérer la guérison d'une personne chérie... (car on s'était bien gardé de me mander la véritable cause du mal). J'arrive, je ne trouve plus à la maison que mon père mourant de chagrin, mes frères et sœurs éplorés et dans le plus profond abattement; depuis le 24 juin, ma mère est enfermée... et tout ce désordre est l'ouvrage des prêtres.

Je n'essaierai point, mes chers amis, de vous peindre les divers mouvements dont je fus alors affecté ; je ne pourrais y réussir, et ma sensibilité vous est assez connue. Hélas ! me disais-je, faut-il qu'après avoir travaillé à préserver les autres de la séduction, je n'aie pu en garantir ma famille, et que ma mère soit la victime de ces mêmes hommes dont j'ai démasqué l'hypocrisie avec tant de courage ! Dans ma première ardeur, je vole à la retraite de ma mère ; malgré ses préventions, je ne désespère pas, si je peux seulement la voir et lui parler, de faire sur elle une impression heureuse ; le P. Spitallier, Supérieur de l'Oratoire, m'accompagne ; nous nous sommes partagé les rôles que nous devons jouer ; en moins d'un quart d'heure, la joie peut succéder à la tristesse, et mes parents sont dans l'expectative la plus inquiétante. Vaine et inutile démarche ! les fureurs de ma mère, loin de diminuer, augmentent de jour en jour ; elle est tout-à-fait inabordable. Lorsqu'elle était encore chez nous, elle brisait tout ce qu'elle rencontrait sous sa main, ruinait, dévastait la maison, et attentait à sa propre vie ainsi qu'à celle de ses enfants ; aujourd'hui, elle joint à ses transports frénétiques des cris perçants et lugubres qui remplissent tout le voisinage.

Le ciel nous accordera-t-il quelques instants plus propices? c'est ce que j'ignore. En attendant, tous mes soins se bornent à consoler mon père, lequel n'est point aristocrate, quoiqu'il perde à la Révolution. L'accident survenu à son épouse semble l'avoir vieilli de dix ans; il peut à peine se soutenir sur ses jambes, et n'entend presque plus rien aux affaires. Mon retour à Arras le tranquillise un peu, et je n'ai pu me dispenser, à sa sollicitation, d'accepter provisoirement la cure que j'avais d'abord refusée. J'y ai été installé dimanche dernier parmi les bénédictions de mes paroissiens; mais en vain m'accablent-ils de témoignages d'amitié, mon cœur n'est point à Neuville-Vitasse, il est au milieu de mes anciens écoliers, au milieu des habitants du Vernoi, au milieu de mes amis de Beaune, de Ciel et des environs; c'est à eux que j'ai promis une fidélité éternelle, et certes, je ne me parjurerai jamais. Renouvelez, vénérables frères, je vous en conjure, renouvelez à ces dignes objets de mon attachement l'assurance de mes sentiments à leur égard; dites à tous les citoyens de votre ville, dont j'ai reçu, dans les dernières élections, une si grande marque de confiance, que leurs intérêts me seront toujours chers, et que le 14 juin sera sans cesse présent à ma mémoire. Un jour viendra peut-être, où, délivré de mon nouvel exil, je revolerai parmi vous: oui, si le ciel me prête vie durant quelques années, je reverrai encore le collége de Beaune, la chambre du sieur Delautel située sur le rempart, la maison du respectable père Constantin, le petit jardin du Vernoi et votre église des Cordeliers. Voilà ce qui me soutient dans la circonstance fâcheuse où je suis. Je vous prie donc très-instamment de conserver mon nom sur la liste de vos associés externes ; et si vous désirez y ajouter une de *mes qualités*, veuillez choisir entre les deux suivantes : *Joseph Le Bon, professeur de rhétorique, à Beaune, en* 1789. — *Joseph Le Bon*, 1er *vicaire constitutionnel, au Vernoi, près Beaune, en* 1791.

Ne dites rien surtout de ma cure de Neuville-Vitasse, vous seriez obligés de réformer avant peu ; déjà l'on m'en offre deux autres, et je ne réponds pas que, pour me désennuyer, je n'aille passer quelques mois dans chacune d'elles. Plus de liaison, plus d'attachement ; je suis parti d'un point, et jusqu'à ce que j'y sois revenu, je ne serai constant que dans ma propre inconstance. Heureux dans mes revers, de m'être, autrefois, familiarisé avec l'étude, mes papiers et mes livres me débarrassent du poids incommode du temps. Je ne les quitte point depuis huit heures du matin où finit ma messe, jusqu'à sept heures du soir ; alors je fais une petite promenade dans le bois, et ma journée est à son terme. Le chirurgien établi dans le village m'évite bien des courses ; j'observe, pour cette fois, les canons dans leur entier, on ne me voit qu'à l'autel et dans mes fonctions. Si mon voisin ne s'avise pas de mourir bientôt, il y a apparence que je sortirai d'ici sans avoir su son nom.

Mais c'est assez vous entretenir de moi, frères et amis ; je vous dérobe un temps précieux que vous devez à la chose publique ; reprenez la suite de vos utiles travaux, et croyez-moi, pour la vie, avec la plus tendre fraternité.

Votre ami,

JOSEPH LE BON.

P. S. Je destinais aujourd'hui une lettre à M. Lamarosse, mais le plaisir m'a retenu trop longtemps avec vous pour que je puisse exécuter mon projet. Je prie M. Guinet de dire à M. Lamarosse que je n'ai point oublié mes obligations envers lui, et que je lui écrirai demain sans faute. J'en dis autant pour M. Masson, Mimi, à qui je donnerai de mes nouvelles sous huit jours.

www.ingramcontent.com/pod-product-compliance
Lightning Source LLC
LaVergne TN
LVHW010106230826
846091LV00005B/2116

* 9 7 8 2 0 1 2 9 2 8 4 6 6 *